Bette Westera
Baby'tje in mama's buik
Met tekeningen van Jan Jutte

KIJK VOOR MEER LEUKE KINDER- EN JEUGDBOEKEN VAN DE GOTTMER UITGEVERS GROEP OP
WWW.GOTTMER.NL

© **2015 Bette Westera** (tekst) www.bettewestera.nl
© **2015 Jan Jutte** (illustraties) www.janjutte.nl

Voor deze uitgave
© 2016 Uitgeverij J.H. Gottmer / H.J.W. Becht BV, Postbus 317, 2000 AH Haarlem
(e-mail: post@gottmer.nl)
Uitgeverij J.H. Gottmer / H.J.W. Becht BV maakt deel uit van de Gottmer Uitgevers Groep BV

Ontwerp en opmaak
Suzanne Nuis, Haarlem

Eerste druk 2016

ISBN 978 90 257 6185 1
NUR 226

Behoudens de in of krachtens de Auteurswet van 1912 gestelde uitzonderingen mag niets uit deze uitgave worden verveelvoudigd, opgeslagen in een geautomatiseerd gegevensbestand, of openbaar gemaakt, in enige vorm of op enige wijze, hetzij elektronisch, mechanisch, door fotokopieën, opnamen of een andere manier, zonder voorafgaande schriftelijke toestemming van de uitgever.

8 Hagelslagje
12 Klein Duimpje
17 Seks
20 Wachtkamer
25 Broertje
28 Dikke buik
32 Opa
36 Sterren
42 Nieuwe kamer
46 Couveuse
51 Twee moeders
56 Wachten
60 Buikpijn
64 Kreukeloor

Hagelslagje

'Zal ik jou eens wat vertellen?' zegt mama op een zondag als we zitten te ontbijten.
Papa pelt zijn eitje, ik doe net jam op mijn beschuit. Oranje jam.
'Mij best,' zeg ik.
Ik zet de lepel terug in de jampot.
'Er zit een baby'tje in mijn buik,' zegt mama.
Ik lik mijn vingers af, alle tien. Oranje jam is mijn lievelingsjam.

'Al bijna drie maanden.'
Ik kijk op van mijn beschuit. Over drie maanden ben ik jarig en dat duurt nog een hele tijd, dus drie maanden is best lang.
'Waarom zeg je dat nu pas?' vraag ik.
'Eerst wist ik het zelf nog niet eens,' antwoordt mama. 'Het baby'tje was zo klein dat ik helemaal niet in de gaten had dat het er zat.'
'Hoe klein dan?'
'Zo klein als…'
Mama kijkt om zich heen.
'Zo klein als een hagelslagje.'
'Echt?'
Ik wist niet dat baby'tjes zo klein konden zijn. Maar alle hagelslagjes zijn anders. Je hebt lange en korte, dikke en dunne.
'Hoe klein dan precies?'
Papa pakt de hagelslagdoos. Hij strooit een beetje hagel op mama's bord.
Mama likt aan haar vinger, tipt het kleinste hageltje dat er bij zit van haar bord en houdt het voor mijn neus.
'Zó klein,' zegt ze.
Ik steek mijn tong uit en lik het hageltje van haar vinger. Ik proef bijna niks, zo klein is het.

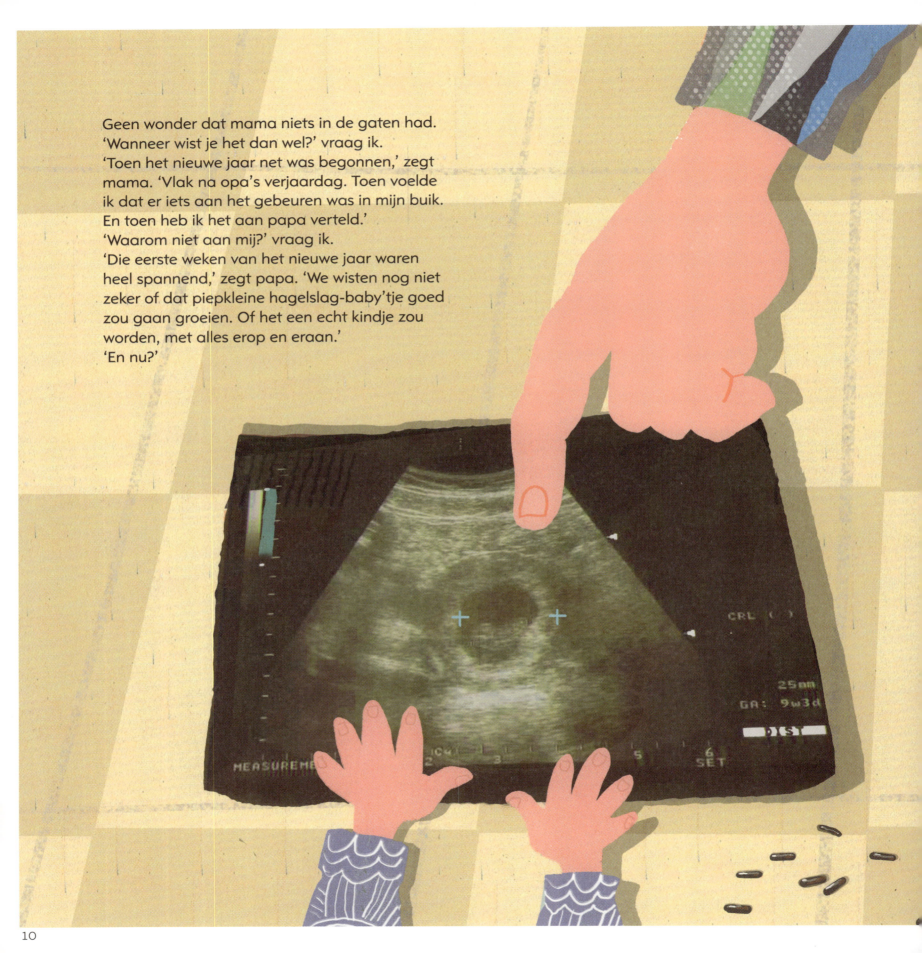

Geen wonder dat mama niets in de gaten had.
'Wanneer wist je het dan wel?' vraag ik.
'Toen het nieuwe jaar net was begonnen,' zegt mama. 'Vlak na opa's verjaardag. Toen voelde ik dat er iets aan het gebeuren was in mijn buik. En toen heb ik het aan papa verteld.'
'Waarom niet aan mij?' vraag ik.
'Die eerste weken van het nieuwe jaar waren heel spannend,' zegt papa. 'We wisten nog niet zeker of dat piepkleine hagelslag-baby'tje goed zou gaan groeien. Of het een echt kindje zou worden, met alles erop en eraan.'
'En nu?'

'Nu weten we dat het baby'tje aan het groeien is. Dat het armpjes heeft en beentjes, en een hartje dat echt klopt. Als alles goed gaat, krijg je van de zomer een broertje of een zusje.'
Ik wil een broertje, want Sara heeft al een zusje. Sara is mijn beste vriendin. Zij wil altijd alles hetzelfde als ik, maar ik wil dat niet. Daarom wil ik een broertje.
'Groeit er ook een piemeltje aan?' vraag ik.
'Dat weet ik niet,' zegt mama, 'dat kun je nog niet zien.'
'En die beentjes en die armpjes dan?'
'Die kun je al wel zien,' zegt mama, 'want die zijn groter dan een piemel.'
Ik snap het niet. Mama kan toch niet door haar buik heen kijken? Hoe weet ze dan dat het baby'tje armen en benen heeft?
Ik trek mama's trui omhoog. Misschien kun je door haar navel naar binnen gluren. Nee hoor, niks te zien.
'Wacht maar,' zegt papa.
Hij staat op en haalt iets uit een la van de grote kast in de kamer.
'Hier heb ik een foto van de baby,' zegt hij. 'Gemaakt met een apparaat dat binnen in buiken kan kijken.'
Ik kijk naar de foto, maar ik zie geen baby. Ik zie alleen maar strepen, zwart, wit en grijs.
'Dit is het hoofdje,' wijst papa. 'Dit is een arm en dat is een been. En hier zie je het ruggetje.'

Hij vindt de foto heel mooi, dat merk ik aan hem.
'De baby is nu zeven centimeter lang,' zegt mama.
Zij vindt de foto ook mooi. Ik niet. Ik zie nog steeds alleen maar strepen. En ik heb geen idee hoe lang zeven centimeter is.
'Dat is ongeveer zo groot als een Playmobil-poppetje,' zegt mama.
Dat klinkt beter. Ik ren naar mijn speelhoek en pak een jonkvrouw en een ridder van mijn Playmobil-kasteel. De jonkvrouw is groter dan de ridder. Dat komt door haar muts.
'Zo groot?' vraag ik.
Ik steek de jonkvrouw in de lucht.
'Of zo groot?'
Zo groot als de ridder, denkt papa. Mama denkt: zo groot als de jonkvrouw. Ik denk dat mama gelijk heeft, want de baby zit in haar buik, niet in die van papa.

Klein Duimpje

Ik mag met mama mee naar Loes. Loes is een soort dokter. Ze weet alles van baby's die nog in de buik zitten. Ik heb al mijn Playmobil-ridders en -jonkvrouwen meegenomen, in een washandje. Eerst laat ik ze met elkaar vechten op de gele vloer van de wachtkamer. Als mama vindt dat de ridders te hard schreeuwen en de jonkvrouwen te hard gillen, doe ik ze terug in het washandje en stop ik ze onder mijn hemd. Nu heb ik ook baby's in m'n buik.

De deur van de wachtkamer gaat open. Er komt een mevrouw binnen. Ze doet haar jas uit en gaat tegenover mama op een van de rode stoelen zitten. Haar buik is heel dik.
'Hoeveel Playmobil-poppetjes heb jij in je buik?' vraag ik.
De mevrouw kijkt me verbaasd aan.
'Hoeveel baby's, bedoel je?'
Ik knik.
'Twee,' zegt ze. 'Een jongetje en een meisje.'
'Een tweeling!' zegt mama. 'Wat leuk, hoe lang nog?'
'Nog twee maanden,' zegt de mevrouw. 'Misschien iets korter. En u?'
'Nog bijna zes maanden,' zegt mama.
Misschien zitten er in mama's buik ook wel twee baby's. Dat zou leuk zijn. Dan krijg ik twee broertjes. Of twee zusjes. Of een broertje én een zusje.

'Hoe komen die baby'tjes daar eigenlijk?' vraag ik aan de mevrouw.
De mevrouw kijkt naar mama. Ze lacht een beetje.
'Dat is een heel verhaal,' zegt ze.
Ik wacht, maar er komt geen verhaal.
'Vertel dan,' zeg ik.
'Misschien kun je dat beter aan je eigen moeder vragen,' zegt de mevrouw.
'Hoe komen die baby'tjes daar eigenlijk?' vraag ik aan mama.
Dan gaat er een andere deur open. De deur van de kamer van Loes. Mama is aan de beurt.

In de kamer van Loes staat een bank die omhoog en omlaag kan. Daar gaat mama op liggen, met haar buik bloot.
'Hoe gaat het?' vraagt Loes.
Ze voelt aan mama's buik.
'Goed,' zegt mama. 'Niet misselijk meer.'
Loes pakt een fles en spuit een grote klodder doorzichtig spul op mama's blote buik.
'Wat doe je?' vraag ik.
'Ik ga naar het hartje van de baby luisteren,' zegt Loes.
Met een ding dat een beetje op papa's scheerapparaat lijkt, roert ze door het spul op mama's buik. Er begint iets te ruisen.
'Ik hoor het hartje,' zegt Loes. 'Dat doet het goed, luister maar.'
Door het ruisen heen hoor ik iets kloppen: pokke-pokke-pokke-pok…

Er zit echt een baby'tje in mama's buik! Een klein baby-broertje. Hoop ik.
Mama mag zich weer aankleden.
'De baby is goed gegroeid,' zegt Loes tegen mij. 'Hij is nu zo groot als Klein Duimpje. Ken je die?'
Ik knik. Klein Duimpje is een piepklein jongetje uit een verhaal in mijn sprookjesboek.
'Kun je zijn piemel al zien?' vraag ik.
'Nee,' zegt Loes, 'dat duurt nog even. Als het tenminste een jongetje is.'

'Hoe groot is Klein Duimpje?' vraag ik aan papa als we aan tafel zitten.
Papa legt zijn vork neer en steekt zijn duim in de lucht.
'Zo groot.'
'Wil je straks het verhaal van Klein Duimpje voorlezen?'
'Dat is goed,' zegt papa. 'Eet nu maar gauw je spaghetti op.'

Seks

Ik sta met mama te wachten bij de kassa van de supermarkt. We hebben heel veel boodschappen in onze winkelwagen. Achter ons staat een stoere jongen met lang, zwart haar.
Hij heeft alleen een zak chips.
'We zijn iets vergeten,' zeg ik.
Mama kijkt in ons winkelwagentje.
'Wat dan?'
'Je zou nog vertellen hoe die twee baby'tjes in de buik van die mevrouw kwamen.'
De stoere jongen met de chips lacht.
'Dat is waar ook,' zegt mama. 'Als we thuis zijn, zal ik het je vertellen.'
'Waarom niet nu?' vraag ik.
'Ja,' zegt de stoere jongen. 'Waarom niet nu? Ik wil het ook wel weten.'
'Jij weet het allang,' zegt mama. 'Dat hoop ik tenminste. Wil je even eerst?'
Ze laat de jongen met de chips voorgaan en legt haar boodschappen op de band.
'Oké,' zeg ik. 'Als we thuis zijn. Niet vergeten, hè?'

We zitten op de bank. Mama heeft koffie en ik heb limonade.
'Paaseitje erbij?' vraagt mama.
Ik kies een blauwe, mama een rode.
'Vertel dan.'
Mama begin te vertellen. Niet over de baby's in de buik van de mevrouw, maar over de baby in haar eigen buik.

'Toen het baby'tje er nog niet was, zat er een eitje in mijn buik. Dat eitje wilde graag een baby worden, maar dat kon het niet alleen. Daar had het een zaadje voor nodig. En dat zaadje had papa.'
'In zijn buik?' vraag ik.
'Nee,' zegt mama, 'in de ballen die bij zijn piemel horen. Het zaadje wilde ook graag een baby worden, maar dat zaadje kon het ook niet alleen. Het wilde dus heel graag op zoek naar een eitje.'
Ik pak nog een paaseitje uit het schaaltje. Weer een blauwe, want die vind ik het lekkerst.
'En toen?'
'Toen bedachten papa en ik hoe leuk het zou zijn als er weer een baby zou gaan groeien in mijn buik. Een kindje van papa en mij en een broertje of een zusje van jou.'
'Ik wil een broertje,' zeg ik met mijn mond vol chocola.
'Dat weet ik,' zegt mama. 'Maar dat hebben wij niet voor het zeggen. Dat ligt aan het zaadje. Je hebt zaadjes waar jongetjes uit groeien en zaadjes waar meisjes uit groeien.'
'Oké,' zeg ik. 'En toen?'
'Toen hadden papa en ik seks,' zegt mama.
Ik frons mijn voorhoofd. Seks is een woord dat kinderen op het schoolplein wel eens zeggen en dan moeten ze heel erg lachen.

'Dat hebben we wel vaker,' gaat mama verder. 'Seks bedoel ik. Gewoon omdat het fijn is. We kleden ons uit en we zoenen elkaar. Heel lang en heel lief. En dan doet papa zijn piemel bij mij naar binnen. Heel voorzichtig.'
'Waar dan?'
Mama wijst naar haar spleetje.
'Hier. Het voelt fijn als hij dat doet. Heel fijn zelfs. Voor papa én voor mij. De zaadjes in papa's piemel vinden het ook fijn. Het lijkt wel of ze voelen dat er een eitje in de buurt is. Als het ze lukt bij dat eitje te komen, kunnen ze een baby'tje worden! En hup, daar gaan ze, met z'n allen. Papa's piemel uit en mijn buik in, op zoek naar een eitje.'
'Is dat seks?' vraag ik.
Mama knikt.
'Mag ik dat eens zien?'
'Nee,' zegt mama. 'Dat is iets tussen papa en mij.'
'En toen?'
'Toen zaten er opeens een heleboel zaadjes in mijn buik, die allemaal op zoek gingen naar het eitje dat daar lag te wachten en dat heel graag een baby'tje wilde worden.

De zaadjes die bij het eitje kwamen, probeerden de ingang te vinden. Want om een baby'tje te kunnen worden, moesten ze in het eitje terecht zien te komen. Maar het eitje liet maar één zaadje binnen. Daar ben je dan eindelijk, zei het eitje, toen het zaadje naar binnen gekropen was.'
'En toen?'
'Toen groeide er uit het eitje met het zaadje een piepklein baby'tje. Zo'n klein baby'tje moet eerst negen maanden groeien. Dan is het groot genoeg om geboren te worden.'
'Negen maanden?' roep ik uit. 'Wat lang.'
Mama knikt.
'Het klinkt lang,' zegt ze. 'Maar er zijn al bijna drie maanden voorbij. Over een paar dagen gaan we weer naar Loes, samen met papa. Dan gaat ze nieuwe foto's maken van de baby, en misschien kunnen we dan wel zien of het een jongen of een meisje is.'

Wachtkamer

Ik zit met papa in bad en gluur naar zijn piemel.
'Is er iets?' vraagt papa, terwijl hij zijn haren inzeept.
Ik kijk naar het spleetje tussen mijn benen.
'Waarom heb ik geen piemel?' vraag ik.
'Omdat je een meisje bent,' zegt papa.
'Meisjes hebben iets anders.'
'Wat dan?'
'Een schede,' zegt papa. 'Je mag ook vagina zeggen. Maar ik vind schede wel een mooi woord.'
Ik vind schede juist een raar woord.
'Mag je ook spleetje zeggen?' vraag ik.
'Dat mag,' antwoordt papa. 'Als je maar weet dat een spleetje meer is dan een gat waar een piemel in past.'
'In mijn spleetje past geen piemel,' zeg ik.
'Nee,' zegt papa. 'Nog niet. Pas als je groot bent.'
'Zo groot als mama?'
'Ongeveer. Ogen dicht, ik ga je haar wassen.'

'Heb ik ook eitjes in mijn buik?' vraag ik, als papa me afdroogt.
'Jazeker,' zegt papa. 'Een heleboel zelfs. Maar die willen nog geen baby worden. Dat komt pas later.'
'Zeker ook als ik zo groot ben als mama?'
Papa knikt.
Dat komt wel goed uit. Er past toch nog geen piemel in mijn spleetje. Of in mijn schede. Of in mijn vagina.
'Hoeveel eitjes dan?'
Papa denk na.
'Dat weet ik niet precies,' zegt hij. 'Misschien wel een paar duizend.'

Ik kijk naar mijn buik. Dat daar zoveel eitjes in passen!
'Ze zijn piepklein,' zegt papa. 'En ze willen lang niet allemaal tegelijk een baby'tje worden. Gelukkig niet, stel je voor. Als je groot bent, wil er elke maand één eitje heel graag een kindje worden. Dat eitje mag naar de baarmoeder. Zo heet het kamertje waar de baby's groeien. De rest blijft in de wachtkamer.'
'En hoeveel zaadjes zitten er in jouw piemel?'
'Heel veel.'
'Meer dan duizend?'
'Véél meer.'
'Honderdduizendmiljoen?'
'Zoiets.'
'Die willen zeker ook niet allemaal een baby'tje worden?'
'O jawel,' zegt papa, 'dat willen ze dolgraag. Maar dat gaat ze niet lukken. Want wij willen geen honderdduizendmiljoen kinderen. En ook niet een paar duizend. Wij willen alleen maar jou en je broertje of je zusje.'

Ik lig in bed en wacht tot mama me een nachtzoen komt geven. Morgen gaat Loes een filmpje maken van de baby in mama's buik. Dan weten we of het een jongetje of een meisje is. Een jongetje met honderdduizendmiljoen zaadjes in zijn piemel, of een meisje met een paar duizend eitjes in haar buik.
Daar is mama. Haar nachtzoen ruikt naar chocola.
'Heb je paaseitjes gegeten?' vraag ik.
'Ja,' zegt mama. 'Wel vier. Ik had zo'n zin in chocola.'
'Dan heb je nu nog veel meer eitjes in je buik,' zeg ik.
Mama lacht. Ze stopt me in en doet het nachtlampje uit.
'Slaap lekker,' zegt ze.

Maar ik kan nog lang niet slapen. Ik denk aan al die zaadjes die op zoek zijn naar een eitje dat graag een baby'tje wil worden. Hoe wist mijn eitje nu welk zaadje ze binnen moest laten om mij in mama's buik te laten groeien en niet een ander meisje? Sanne bijvoorbeeld. Of een wildvreemd meisje, een meisje dat ik helemaal niet ken. Een meisje uit een ander land. Pippi Langkous of zo, die komt uit Zweden. Dan zouden papa en mama mij niet eens kunnen verstaan, want dan sprak ik een andere taal.
Ik doe mijn ogen dicht. Gelukkig ben ik Pippi Langkous niet. Want Pippi heeft geen moeder, en haar vader is er nooit. Die is koning op een eiland in de Stille Zuidzee, dus Pippi moet helemaal voor zichzelf zorgen. Ik heb een moeder en een vader die voor me zorgen. Behalve als ik op school ben natuurlijk. En als opa en oma op komen passen.

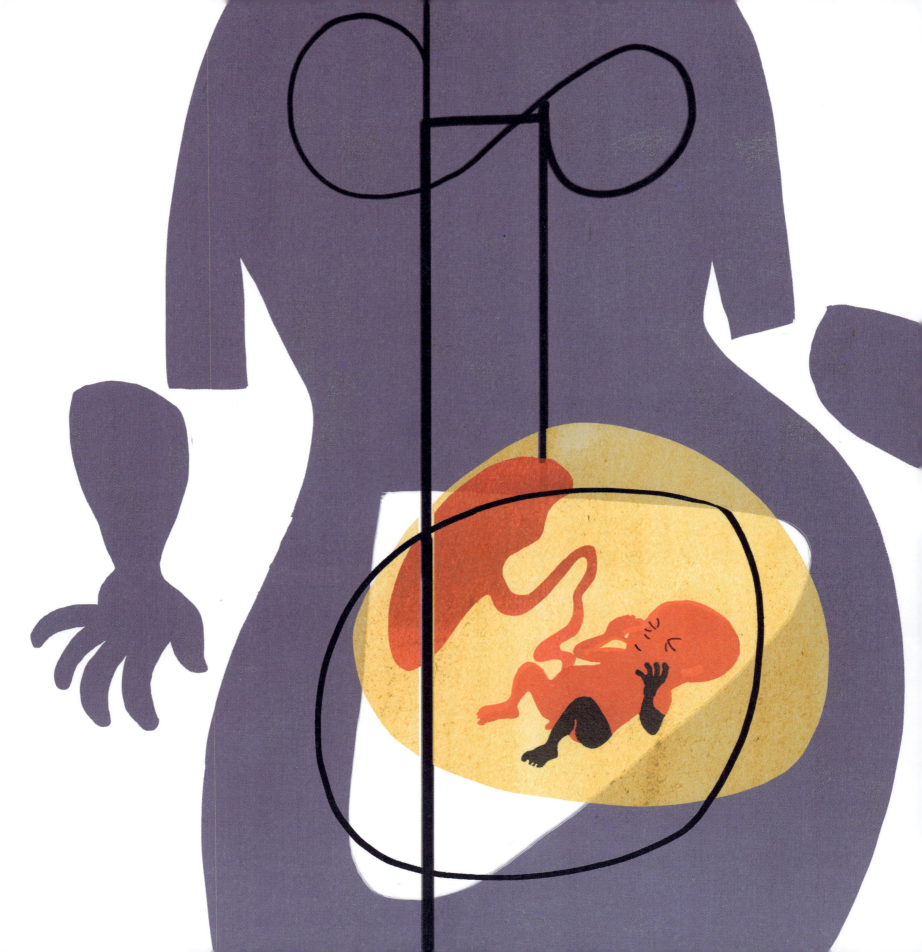

Broertje

Ik krijg een broertje! We hebben zijn piemel gezien op het filmpje van Loes. Papa was heel blij en mama ook. Ze moesten allebei een beetje huilen.
'Maar als het een meisje was geweest, was ik even blij geweest,' zei mama toen ze haar hemd weer in haar broek had gestopt.
Ik niet, want ik wilde het liefst een broertje. Bram uit mijn klas zou ook een broertje krijgen, maar dat ging niet door. Het broertje van Bram kwam veel te vroeg uit de buik van zijn moeder. Hij was nog te klein om zelf te kunnen eten en drinken en ademen, en toen ging hij dood. Bram liet op school een kaartje zien met vlinders. *Op de dag dat hij werd geboren is onze lieve Joep gestorven* stond erop. Bram en zijn vader en moeder zijn heel verdrietig.

Mijn broertje is nu bijna even groot als Joep toen hij werd geboren. Hij heeft al vingertjes en teentjes. Op het filmpje zagen we hem trappelen met zijn benen.
'Doet dat geen pijn?' vroeg ik aan mama.
'Nee,' zei mama. 'Ik voel er niks van.'
'Wacht maar,' lachte Loes toen. 'Nog een paar weken, dan kun je hem voelen schoppen.'
Toen ik in haar buik zat, schopte ik ook, vertelde mama. Heel hard soms. Maar niet zo hard dat het pijn deed. Ik weet daar niets meer van, maar als mama het zegt, zal het wel zo zijn.

We zijn naar de bibliotheek geweest. Ik heb twee boeken uitgekozen: een over een jongetje dat een walvis voor zijn verjaardag wil en een over de boze heks. Mama heeft een film geleend waarop je kunt zien hoe een baby in de buik groeit. Niet zo'n film als het filmpje van Loes, maar een echte film in kleur, met mooie muziek en een stem die dingen vertelt. Je kunt er ook op zien hoe het baby'tje wordt geboren. Niet te vroeg, zoals Joep van Bram, maar als hij groot genoeg is. Dat is na negen maanden.
'Hoe weet mijn broertje straks dat er negen maanden voorbij zijn?' vraag ik als we terugfietsen naar huis.

'Dat is een goede vraag,' zegt mama. 'Ik denk dat hij voelt dat het te krap wordt daar binnen. Dat hij meer ruimte nodig heeft om te kunnen groeien. En dan gaat hij op zoek naar de uitgang.'
'Het broertje van Bram wist niet dat hij nog te klein was,' zeg ik. 'Die kwam veel te vroeg naar buiten.'
'Ja,' zegt mama. 'Heel soms gebeurt dat. Zomaar, zonder dat we weten hoe het komt.'
Ik leg mijn wang tegen haar jas en mijn armen om haar buik. Mijn vingers raken elkaar. Nog wel, over een poosje is mama's buik daar vast te dik voor.

Als we thuis zijn, kijken we alvast een klein stukje film, het stukje waarin de baby even oud is als mijn broertje nu. De hele film gaan we pas kijken als papa er ook bij is.
'Je kunt nu goed zien of de baby een jongetje of een meisje is,' vertelt de stem die bij de film hoort.
Dat klopt, ik zie een piemel. Veel duidelijker dan op het filmpje van Loes zelfs.
'Dit jongetje van zestien weken is ongeveer zo groot als een pasgeboren poesje. Hij kan nog niet zelf eten en drinken. Hij zit aan zijn moeder vast met een soort slangetje. Daardoor kan zijn moeder haar eten en drinken met hem delen.'

Dus als mama een paaseitje eet, mag mijn broertje een piepklein stukje. Als mama sinaasappelsap drinkt, krijgt hij ook een slokje. En als mama zuurkoolstamppot eet, eet hij een hapje mee. En hij lust alles, dat is wel handig.
'De baby kan ook nog niet zelf ademen,' gaat de stem verder. 'Zijn longen moeten nog groeien. Van alle lucht die de moeder inademt, geeft ze een klein beetje aan haar kind. Ook door het slangetje. Dat slangetje heet de navelstreng.'
Het jongetje op de film heeft het erg naar zijn zin in zijn moeders buik, dat zie je zo. Hij ligt in een soort ballon vol warm water te dobberen en te deinen, te wiegen en te watertrappelen.

Ik hoop maar dat mijn broertje snapt dat hij voorlopig nog in mama's buik moet blijven zitten. Dat hij nog heel erg moet groeien en nog heel veel moet leren voor hij naar buiten mag komen. Eén ding kan hij in elk geval al wel heel goed: onder water zwemmen. En watertrappelen dus.

Dikke buik

Mama krijgt een dikke buik. Haar broeken kunnen niet meer dicht. Daarom gaan we nieuwe kopen. Broeken waar je met z'n tweeën in kunt.
Ik mag mee in het pashokje, papa niet.
'Ga jij maar even babykleertjes kijken,' zegt mama.
'We hebben babykleertjes genoeg,' vindt papa.
'Ga toch maar kijken,' zegt mama. 'We krijgen nu een jongen, dus aan al die jurkjes van Jip hebben we niks.'
Mama past een heleboel broeken, maar er is er maar één bij die ze lekker vindt zitten. Het is een broek met een buik van elastiek.
'Deze neem ik,' zegt ze. 'Daar kan ik nog in groeien.'
Ze bedoelt natuurlijk mijn broertje. Want het is mijn broertje dat groeit. Daardoor wordt haar buik steeds dikker. Ik denk aan de mevrouw met de dikke buik in de wachtkamer van Loes.
'Als er twee baby's in je buik zitten, word je nog veel dikker,' zeg ik.
Mama knikt.
'Hoe komt het eigenlijk dat er in jouw buik maar één baby zit en in die van de mevrouw bij Loes twee?'

'Meestal wil er één eitje een baby'tje worden,' zegt mama, terwijl ze haar oude broek weer aantrekt. 'Maar soms zijn het er twee of drie tegelijk. En heel soms zelfs wel vier of vijf. Als in al die eitjes een zaadje kruipt, gaan er meer baby'tjes groeien en dan krijg je een tweeling of een drieling.'
Mama probeert de knoop van haar broek dicht te maken, maar het lukt niet.
'Het kan ook gebeuren dat een zaadje en een eitje meteen na de bevruchting besluiten dat het leuk zou zijn om twee kindjes te worden in plaats van een. Ze delen zichzelf vlug in tweeën en dan gaan er twee baby'tjes groeien die precies op elkaar lijken. Twee jongetjes of twee meisjes.'
'Wat is bevruchting?' vraag ik.
'Dat is als er een zaadje in een eitje kruipt,' zegt mama. 'Kom, we gaan papa zoeken.'

'Kijk eens wat leuk!' roept papa.
Hij houdt een piepklein spijkerbroekje omhoog.
'We hadden toch kleertjes genoeg?' zegt mama.
'Dat is waar.'
Papa wil het broekje terughangen, maar mama steekt haar hand uit.
'Geef maar,' zegt ze.
Ze loopt met de grote en de kleine broek naar de kassa.
'Gaan we nu iets drinken?' vraag ik.
'Bijna,' zegt papa. 'Alleen nog even ledikantjes kijken.'

Een uur later zit ik eindelijk achter een grote beker warme chocolademelk met slagroom. Ik denk aan de eitjes die in de wachtkamer zitten. Ze willen allemaal graag een kindje worden, maar er komen er maar een paar aan de beurt. Best zielig eigenlijk, al die eitjes die helemaal voor niks zitten te wachten. En hoe loopt het af met al die zaadjes die in mama's buik terechtkomen en die geen eitje vinden om in te kruipen? Misschien moeten die ook wel in een wachtkamer.

'Nee,' zegt papa als ik het vraag. 'Alleen het zaadje dat op tijd een eitje vindt, wordt een kindje. De rest gaat dood. En als alle zaadjes te laat komen, gaat het eitje ook dood. Dan gaat er geen kindje groeien.'
Ik roer in mijn chocolademelk.
'En als er nou een ander zaadje naar binnen was gekropen toen mijn eitje in mama's buik zat?'
'Dan was er een ander kindje gaan groeien,' zegt papa. 'Een kindje dat we Pien hadden genoemd, of Lola. Of Jaap. Want dan was je misschien wel een jongetje geweest.'
Ik? Een jongetje? Natuurlijk niet. Ik ben een meisje en ik heet Jip. Al zijn er ook jongetjes die zo heten. Dat weer wel.
'En wat was er dan met mij gebeurd?' vraag ik, terwijl ik de laatste slagroom uit mijn beker lepel.
'Dan was jij er niet geweest,' zegt papa. 'Jouw zaadje was doodgegaan en uit jouw eitje was een ander kindje gegroeid. Of helemaal geen kindje. Maar gelukkig ging het anders. Gelukkig werd jij jij. Een ander kind dan jij hadden we niet gewild.'
Ik leg mijn lepel neer. Hier klopt iets niet. Papa en mama wilden wel een ander kind. Dat kind zit nu in mama's buik.
'En mijn broertje dan?' vraag ik.
'Je broertje komt uit een ander eitje en een ander zaadje,' zegt papa. 'En leuker dan jij kan hij niet worden. Even leuk misschien, maar niet leuker. Onthoud dat maar goed.'
Gelukkig ben ik ik, en leuker dan ik kan mijn broertje niet worden, dat knoop ik in mijn oren. Toch is het raar dat ik niet had bestaan als er een ander zaadje in mijn eitje was gekropen. Of als er een ander eitje eerder aan de beurt was geweest. Heel raar.

Opa

'Ben jij vroeger ook een eitje geweest?' vraag ik aan opa.
Opa kijkt me verbaasd aan.
'Een eitje? Ik? Niet dat ik weet.'
'Natuurlijk wel,' zegt oma. 'Ze bedoelt een eitje in de buik van je moeder.'
'Op die manier,' zegt opa.
Hij gooit met zijn dobbelsteen, want we zijn aan het ganzenborden. Vier. Beurt overslaan.

'Ja, heel lang geleden was ik een eitje in mijn moeders buik. Maar daar weet ik niets meer van.'
'Dat kan ook niet,' zeg ik. 'Want toen was je jezelf nog niet. Er moest eerst een zaadje komen.'
'Ik hoor het al,' zegt opa. 'Jij hebt er verstand van. En je bent aan de beurt.'
Ik gooi. Ook vier.
'Als er een ander eitje aan de beurt was geweest, was je iemand anders geworden.'
Oma lacht.
'Dan was ik misschien niet verliefd op je geworden,' zegt ze tegen opa.
'Dat denk ik ook niet,' zegt opa. 'Maar ik wel op jou.'

Ik vind het een vreemde gedachte dat opa heel lang geleden ook in de buik van zijn moeder heeft gezeten. Dat hij ook zo klein is geweest als een hagelslagje. Ik wist niet eens dat opa een moeder had. Eigenlijk wist ik het natuurlijk wel. Iedereen heeft een moeder, dus opa ook. Maar ik heb haar nog nooit gezien. Mama ook niet. Opa's moeder was haar oma, maar ze was al dood voordat mama werd geboren. Best zielig voor mama, want die had dus maar één oma. Dat was de moeder van mijn oma. En zielig voor opa natuurlijk, want die had toen hij twaalf was al geen moeder meer. Oma gooit zes en mag nog een keer gooien. Ze heeft al drie keer gewonnen. Stel je voor dat oma verliefd was geworden op een andere meneer. Dan zou ze niet met opa zijn getrouwd en dan was papa niet geboren. Dan zou mama niet op papa verliefd zijn geworden, want papa bestond niet. En dan zou ik dus ook niet zijn geboren. Dan bestond ik ook niet en dan zat ik hier nu niet met opa en oma te ganzenborden.

Ik blijf twee nachten bij opa en oma logeren en als ik straks thuiskom, heb ik een nieuwe kamer. Mijn oude kamer wordt de kamer van mijn broertje. Papa gaat mijn roze muur blauw verven. Dat moest van mama. 'Roze is voor meisjes en blauw voor jongens,' zei ze. Papa vond roze ook best mooi voor jongens, maar mama had al verf gekocht. Blauwe verf dus.

Mijn kamer wordt lichtpaars. Dat is mijn lievelingskleur. Op mijn oude kamer had mama Jip en Janneke op de muur getekend. Niet op de roze muur, maar op de muur boven mijn bed. Opa vond dat heel verwarrend, want op de tekening is Jip een jongetje, en ik ben een meisje.
'Zullen we die tekening laten staan?' vroeg mama.
'Nee,' zei papa, 'die tekening hoort bij Jip. Ik verf de muur weer wit, dan kun je voor de nieuwe baby een nieuwe tekening maken.'
Ik vond dat een goed idee. Stel je voor dat de tekening bleef staan. Dan zou het net lijken of mijn broertje ook Jip heette. Want Jip kan ook een jongen zijn, maar Janneke niet. Dus mijn broertje kan nooit Janneke gaan heten. En twee kinderen die Jip heten is niet handig.

'Jij bent,' zegt oma.
Ze is al bijna bij de 63. Ik nog niet en opa nog lang niet. Ik gooi één. Dat schiet niet op. Opa gooit twee. Dat helpt ook al niet. Oma gooit vijf. Stap stap stap stap stap… dood! Nu moet ze helemaal opnieuw beginnen.
Ik gooi nog een keer vijf en dan twee keer vier. Dan ben ik er. Wat een geluk dat ik besta! Anders had oma weer gewonnen.

Sterren

'Waar is het broertje van Bram nu?' vraag ik aan oma als ik in bed lig en ze mij heeft voorgelezen.
Oma kijkt me vragend aan.
'Joep is dood,' zeg ik. 'Dat heb ik toch verteld?'
Oma denkt na.
'Ik weet het niet,' zegt ze na een poosje. 'Ergens tussen de sterren misschien?'
'Ja,' zeg ik, 'dat denk ik ook.'

Ik kijk vaak naar de sterren. Vooral in de zomer, als we aan het kamperen zijn. Dan mag ik soms heel lang opblijven. Dan ga ik met papa in het gras voor de tent liggen en dan kijken we naar de donkere hemel. Soms zien we de Grote Beer. Die ziet eruit als een steelpan. Als we de Grote Beer hebben gevonden, gaan we tante Anneke zoeken. Tante Anneke is een ster geworden. Eerst was ze ziek, toen ging ze dood en toen werd ze een ster. Tenminste, dat denkt papa. Hij weet het niet zeker en hij weet ook niet welke ster ze is. Maar het is heel leuk om haar te zoeken. Als we denken dat we haar hebben gevonden, zwaaien we naar haar. Dag tante Anneke! Wij zien haar, maar we weten niet of zij ons ook kan zien. Misschien wel, misschien niet. Maar áls ze ons ziet, zwaait ze vast terug.

'Welterusten lieverd,' zegt oma.
'Welterusten oma,' zeg ik. 'Nog niet doodgaan, hoor.'
'Dat was ik niet van plan,' zegt oma.
'Ik wil nog heel vaak van je winnen met ganzenborden.'
Dat hoeft nou ook weer niet.
'Af en toe,' zeg ik. 'Niet heel vaak.'

Het is raar stil in het huis van opa en oma. Heel anders stil dan thuis. Ik stap uit het logeerbed en loop naar het raam om naar de sterren te kijken. De lucht is grijs en grauw. Er is geen ster te bekennen. Ik zie niet eens de maan. Ik voel tranen prikken in mijn ogen. Dikke tranen, die over mijn wangen beginnen te biggelen.
'Oma,' roep ik. 'Oma, je moet komen!'
Daar is oma al. Ze komt naast me staan.
'Wat is er?' vraagt ze. 'Heb je heimwee?'
'Ja,' zeg ik. 'Maar ik wil niet naar huis. Ik wil de sterren zien.'
Oma schuift het gordijn opzij en kijkt naar buiten.
'Je kunt de sterren niet zien vanavond,' zegt ze. 'Ze zijn er wel, maar ze zitten verstopt achter de wolken.'
Ze slaat haar arm om me heen.
Samen kijken we naar de sterren die we niet kunnen zien, maar die er wel zijn. Naar Joep en naar tante Anneke. Naar de Grote Beer en de Kleine Beer. Opeens zie ik de maan. Heel schemerig en vaag, maar het is de maan, dat weet ik zeker.

Ik krijg het koud en kruip weer in bed.
'Kun je nu slapen?' vraagt oma.
'Ik denk het wel,' zeg ik. 'En anders roep ik weer.'
'Dat is goed,' zegt oma.
Ze laat het gordijn openstaan, zodat de schemerige maan naar binnen kan schijnen. Dan geeft ze me een kus op mijn neus.
'Slaap lekker en tot morgen.'

Ik kijk nog heel lang naar de maan, en naar sterren die achter de wolken verborgen zitten.
Misschien was ik voor ik bestond ook wel een ster. Misschien worden alle eitjes en zaadjes waar nooit een kindje uit zal groeien ook sterren. Dat zou best kunnen, want er zijn wel een paar honderdduizendmiljoen sterren, zegt papa. En heel misschien wordt tante Anneke ooit weer een kindje. Net als bij ganzenborden: daar mag je als je dood bent, ook weer gewoon opnieuw beginnen.

Nieuwe kamer

Als ik thuiskom, ruikt het hele huis naar verf. Ik ren de trap op naar mijn kamer. Jip en Janneke zijn weg. De witte muur waarop ze stonden is blauw geworden en mijn roze muur is nu wit. Op de witte muur die eerst roze was heeft mama Pluto getekend. Heel groot. Waar mijn bed stond, staat een nieuwe kast en waar mijn kast stond, staat nu een wit babybedje met spijltjes en een lichtblauw wolkengordijntje erboven, zodat het net een wieg lijkt. Mijn kamer is mijn kamer niet meer. Het is nu de kamer van mijn broertje. Maar mijn broertje is er nog niet eens. Het duurt nog bijna drie maanden voor hij wordt geboren. Ik had nog drie maanden in mijn eigen kamer kunnen slapen.

Daar is mama.
'Vind je het mooi geworden?' vraagt ze.
'Nee,' zeg ik.
'Echt niet?'
'Nee,' zeg ik nog een keer. 'Ik vind Pluto stom en ik vind blauw lelijk.'
'Jammer,' zegt mama. 'Heb je je nieuwe kamer al gezien?'
'Nee,' zeg ik voor de derde keer.
Ik ben in een nee-bui.
Mama pakt mijn hand.
'Kom,' zegt ze, 'dan gaan we samen kijken.'
Ik wil weer nee zeggen, want als ik in een nee-bui ben is ja zeggen heel moeilijk. Maar ik ben ook nieuwsgierig. Ik zeg niks en loop achter mama aan de zoldertrap op.

Mijn nieuwe kamer was eerst een soort rommelkamer. Daar stonden de koffers en de kampeerspullen en de dozen met kleertjes van toen ik nog een baby was. De dozen met babykleertjes staan nu in mijn oude kamer en voor de koffers en de tent heeft papa samen met tante Lisa een soort hok getimmerd. Tante Lisa is heel goed in timmeren en papa is er heel goed in haar te helpen.

Mama duwt de deur van mijn nieuwe kamer open. De schuine muur is lichtpaars. De andere muren zijn wit. Mijn bed staat onder het raam. Het is veel groter dan het was. Eerst was het een babybed, toen werd het een kleuterbed en nu is het bijna zo groot als een grotemensenbed. Er ligt een nieuw dekbed op. Lichtpaars, met bloemen in allerlei kleuren.

Mijn kast staat tegen een van de witte muren en mijn kratjes met speelgoed staan onder de schuine paarse muur.
Er zijn ook nieuwe dingen in mijn kamer. Een paarse zitzak en een grote mand waar al mijn knuffels in liggen. Ik laat me in de zitzak ploffen en kijk om me heen.
'En?' zegt mama.
Ik haal mijn schouders op.
Ik vond mijn oude kamer leuker. De witte muren zijn veel te wit. Maar de paarse muur is mooi en de zitzak zit lekker.
Mijn oude kamer was veel te klein voor een grotemensenbed, een kast, drie speelgoedkratten, een mand met knuffels én een zitzak.
'Ga je mee naar beneden?' vraagt mama. 'Opa en oma zijn er nog en papa heeft taart gekocht voor bij de thee.'
Maar ik heb geen zin in thee. Ik ben nog steeds in een nee-bui.

Als mama weg is, sleep ik mijn speelgoedkratten onder de schuine muur vandaan. Midden in de kamer kieper ik ze om, alle drie. De mand met knuffels gooi ik leeg op mijn bed. Knuffels horen niet in een mand, die horen naast mijn kussen en onder mijn dekbed, anders kan ik er niet mee knuffelen.
Klop, klop klop… Daar is opa.
'Wil jij geen taart?' vraagt hij.
Ik wil al bijna nee zeggen, maar ik bedenk me.
'Wat voor taart is het?'
'Chocoladetaart.'
Ik spring overeind en ren langs opa de kamer uit, de trap af. Chocoladetaart is mijn lievelingstaart. Daar kan ik geen nee tegen zeggen.
'En?' vraagt papa als ik beneden ben.
'Hoe vind je je nieuwe kamer?'
'Best mooi,' zeg ik. 'Maar ik wil wel weer Jip en Janneke op de muur.'

Couveuse

Mijn broertje is af. Dat zei Loes vandaag. Alles zit erop en eraan: armen en benen, vingers en tenen, ogen en oren. Hij heeft al haar en hij kan al duimen. Dat is heel handig, want als hij geboren wordt moet hij meteen goed kunnen zuigen. Het kan dus geen kwaad om in mama's buik vast een beetje te oefenen.
Het enige wat mijn broertje nog niet heeft, is een navel. Op de plek waar hij later een navel krijgt, zit nu zijn navelstreng. Dat is dat slangetje waardoor hij met mama mee kan eten en drinken en ademen. Als hij straks geboren is en alles zelf kan, heeft hij dat slangetje niet meer nodig. Dan mag papa het doorknippen.
Ik kijk naar mijn eigen navel. Daar zat vroeger mijn navelstreng. Die heeft papa ook doorgeknipt. Hij heeft het netjes gedaan, vind ik. Het is een mooie navel geworden.

Mijn broertje is af, maar het is beter dat hij nog een week of acht in mama's buik blijft. Als hij er nu al uitkwam, zou hij niet doodgaan, zoals het broertje van Bram. Maar hij zou wel heel klein zijn en heel dun. Als mijn broertje nu geboren werd, kon hij nog niet in zijn eigen bed slapen. Daar kreeg hij het veel te koud, zelfs met een kruik. En hij kon ook nog niet goed uit mama's borst drinken, want hij had nog te weinig geoefend met duimen. Dus dan moest hij naar het ziekenhuis en in een couveuse. Dat is een soort bedje van plastic. In een couveuse is het lekker warm. Net zo warm als in mama's buik. Eigenlijk is een couveuse een soort namaakbuik, waarin te kleine baby's het niet koud kunnen krijgen.

Ze krijgen moedermelk uit een flesje, waaruit ze makkelijk kunnen zuigen. En als ze het nog moeilijk vinden om zelf te ademen, is er een apparaat dat ze daarbij helpt. Zo kunnen ze doorgroeien tot ze groot genoeg zijn voor in hun eigen bed. Dat heeft Loes allemaal verteld. Loes is heel aardig. Als mijn broertje bijna geboren wordt, komt Loes om hem te helpen. Geboren worden is namelijk best moeilijk. Het duurt soms wel een hele dag en een hele nacht. Misschien is Loes die dag of die nacht al een andere baby aan het helpen met geboren worden. Dan kan ze dus niet komen en dan komt Ageeth. Die is ook aardig, maar niet zo aardig als Loes.

Mama's buik is nu heel dik. Ze voelt mijn broertje vaak schoppen, zegt ze. Soms leg ik mijn hand op haar buik en dan voel ik het ook. Haar borsten zijn ook dikker geworden. Er zit al melk in, voor straks, als mijn broertje geboren is.
Toen ik een baby was, heb ik ook uit mama's borsten gedronken. Wel een maand of zes. Daarna wilde ik niet meer en mama ook niet, want ik kreeg tandjes en daar kon ik gemeen mee bijten. Toen kreeg ik melk uit een fles. En pap van een lepel. En fruithapjes en groenteprutjes. Daar knoeide ik erg mee, maar ik lustte alles, net als mijn broertje. Toen nog wel.

Mijn broertjes kamer is ook af. Zijn kast ligt vol kleertjes. Er zijn luiers en luierdoekjes. Er zijn lakentjes en handdoeken. Mijn broertje heeft zelfs al een boek. Van opa en oma gekregen. Dat vond ik wel een beetje overdreven. Hij is nog niet eens geboren. Maar gelukkig kreeg ik ook een boek van opa en oma. En dat is niet overdreven, want ik kan al best goed lezen.
Als het over mijn broertje gaat, mag ik alles aan papa en mama vragen en krijg ik altijd antwoord. Behalve als ik vraag hoe mijn broertje gaat heten. Ze weten het wel, maar ze zeggen het niet. Ze vinden het al heel wat dat ik weet dat ik een broertje krijg en geen zusje.

Soms kijk ik naar de tekening op de muur van zijn kamer en dan denk ik: Ik hoop niet dat ze hem Pluto noemen. Pluto is een hondennaam, maar met papa en mama weet je het nooit. Mij hebben ze Jip genoemd, en heel veel mensen vinden dat een jongensnaam.

Pluto is ook een ster. Of eigenlijk een kleine planeet, maar vanaf de aarde kun je het verschil tussen sterren en planeten niet zien. Als ze mijn broertje Pluto noemen, ben ik bang dat ik de hele tijd aan Joep, het broertje van Bram, moet denken, die nu misschien een ster is. En aan al die arme eitjes die nooit een kindje zullen worden. Ik vind Thomas een mooie naam. In mijn klas zit een jongen die Thomas heet en die is heel aardig. Ik mag volgende week op zijn partijtje komen. Willem vind ik geen mooie naam, want Willem heeft laatst mijn fiets afgepakt en in de bosjes gegooid. Geen Willem dus, en ook geen Pluto. Thomas, dat lijkt me wel wat.

Twee moeders

Mama vindt dat ik op haar lijk. Ik heb haar ogen en haar neus, zegt ze. Maar dat is niet waar. Ik heb gewoon mijn eigen ogen en mijn eigen neus.
Papa hoopt dat mijn broertje op hem gaat lijken. Vooral op zijn oren is hij erg trots. Het zijn behoorlijk grote oren en ze flappen een beetje. Hij denkt dat mama verliefd op hem is geworden vanwege zijn oren.
Mama zegt dat het kwam door hoe hij naar haar keek en door de lieve dingen die hij tegen haar zei. Ik denk dat dat beter klopt. Papa kan nog steeds heel lief naar mama kijken. En wie wordt er nou verliefd op een paar oren?
Mama vindt dat ik ook wel een beetje op papa lijk. Niet van buiten, maar van binnen. Dat ik even eigenwijs ben als hij, en even koppig.
Ik snap nu hoe het komt dat kinderen op hun vader en moeder lijken. Ze groeien uit een zaadje van hun vader en een eitje van hun moeder. Mijn neus en mijn ogen komen uit mama's eitje en mijn nee-buien uit papa's zaadje.
Misschien krijgt mijn broertje wel twee verschillende oren: een flapoor van papa en een klein, plat oortje van mama. Dat zou leuk zijn, maar ook wel een beetje raar.

Sommige kinderen lijken nergens op. Niet op hun vader en ook niet op hun moeder. Alleen maar op zichzelf. Jimmy bijvoorbeeld. Zijn moeder is heel bleek en blond. En zijn vader is kaal, maar als hij zijn haar liet groeien, zou hij ook blond zijn. Jimmy is bruin en heeft zwarte krullen. Jimmy komt uit een ver land waarvan ik de naam niet meer weet. Zijn echte vader en moeder zijn doodgegaan toen Jimmy net geboren was, en toen hebben zijn nieuwe vader en moeder gezegd dat ze wel voor hem wilden zorgen. Ze hebben hem geadopteerd.

Jimmy's echte vader en moeder waren ook bruin met zwarte krullen. Dus Jimmy lijkt wel op zijn vader en moeder, maar dan op zijn vader en moeder van vroeger, niet op zijn vader en moeder van nu.
Gisteren ben ik naar het partijtje van Thomas geweest. Dat was heel leuk. Eerst gingen we koekjesbakken en daarna spelletjes doen. Toen waren de koekjes klaar en toen gingen we die opeten, terwijl we naar een film over wilde dieren keken.

Thomas heeft twee moeders, een grote en een kleine. Mama Myra en mama Lieke. Ze zijn allebei aardig, maar mama Lieke is het aardigst.
Een vader heeft Thomas niet. Eerst vond ik dat heel gewoon. Als je al twee moeders hebt, heb je geen vader meer nodig. Maar nu ik weet dat baby'tjes uit een zaadje en een eitje groeien, snap ik het niet meer.

Waar kwam het zaadje waar Thomas uit gegroeid is dan vandaan? En hoe kwam het in de buik van een van zijn moeders terecht? Misschien is Thomas wel een heel bijzonder kind. Een kind dat uit twee eitjes is gegroeid in plaats van uit een eitje en een zaadje.

'In welke buik heb jij gezeten?' vraag ik de volgende dag op het schoolplein aan Thomas.
'In die van je grote moeder of in die van je kleine moeder?'
'In die van mama Myra,' zegt Thomas.
In die van zijn grote moeder dus. Dat dacht ik al, want Thomas is ook nogal groot voor zijn leeftijd. Hij is groter dan ik, en ik werd eerder zes dan hij.
'Maar hoe ging dat dan?'
Thomas kijkt me vragend aan.
'Hoe ging wat?'
'Seks en zo,' zeg ik. 'Je weet wel, met die zaadjes en die eitjes. Daar heb je toch iemand met een piemel voor nodig? En jij hebt geen vader. Of ben jij soms uit twee eitjes gegroeid?'
'Ik heb wel een vader,' zegt Thomas, 'maar ik weet niet wie het is. Dat is nog een verrassing.'
'En je grote moeder dan? Weet die ook niet wie het is?'
'Nee,' zegt Thomas, 'want mijn vader had zijn zaadjes in een potje gedaan en toen heeft de dokter ze in de buik van mama Myra gestopt.'

'Is die dokter dan jouw vader?' vraag ik.
'Nee-hee!' zegt Thomas. 'Die zaadjes waren van iemand anders. Ik weet niet van wie. Als ik groot ben, ga ik het vragen.'
'Aan wie dan?'
'Aan die dokter natuurlijk.'
Ik wil nog veel meer weten over dat potje met zaadjes, maar juf Jette roept. We gaan naar binnen en dan mag ik met Sara en Yasmine verven. Ik maak een schilderij van mijn broertje. Hij zit in mama's buik en zuigt op zijn duim.
'Dat kan niet,' zegt Sara.
Maar het kan wel. Loes heeft het zelf gezegd.

Wachten

Vijf dagen geleden had mijn broertje geboren moeten worden. Maar hij zit nog steeds in mama's buik. Hij schopt en hij duwt en hij draait, maar naar buiten komen ho maar.
'Hij vindt het veel te fijn daar binnen,' zegt papa. 'Misschien blijft hij wel zitten tot hij een peuter is, of een kleuter, of een jongetje van zes.'
'Alsjeblieft niet,' zegt mama. Ze begint schoon genoeg te krijgen van die dikke buik. Als mijn broertje over een week nog niet geboren is, gaat Loes hem een handje helpen.
'Hoe dan?' vraag ik.
'Ze gaat zorgen dat het gangetje waardoor hij naar buiten komt groter wordt,' zegt mama.
Gangetje? Ik weet niks van een gangetje.
'Het gangetje van de baarmoeder naar de schede,' zegt mama.
'Dat is toch je spleetje?'
Mama knikt.
'Komt hij daardoor naar buiten?'
'Ja,' zegt mama. 'Wat dacht jij dan?'
Ik dacht helemaal niks.
'En dan?' vraag ik.
'Dan snapt de baby vanzelf dat het tijd is om geboren te worden,' zegt mama. 'Hij gaat met zijn hoofd voor het gangetje liggen en als het gangetje groot genoeg is, duw ik hem de wereld in.'

Papa had dus gelijk toen hij zei dat een spleetje meer is dan een gat waar een piemel in past. Het is een soort deurtje dat open en dicht kan. Achter dat deurtje zit een gangetje, aan het eind van het gangetje is de babykamer en achter de babykamer zijn twee wachtkamers met een paar duizend eitjes die allemaal graag een kindje willen worden.
Ik voel aan mijn spleetje. Het is best klein. Dat van mama is natuurlijk groter, maar zo veel groter nu ook weer niet. Ik kan me nauwelijks voorstellen dat daar een baby doorheen past.
'Doet het geen pijn als de baby uit je spleetje komt?' vraag ik.
'Jawel,' zegt mama. 'Het doet flink pijn. Maar als de baby er eenmaal is, gaat de pijn meteen over. Dat weet ik nog heel goed van toen jij net was geboren.'

'Moest je toen huilen?'
'Ja,' zegt mama. 'Eerst van de pijn en toen van geluk.'

Ik wil ook moeder worden als ik groot ben. Eerst dierendokter en dan moeder. Of allebei tegelijk, dat kan ook. Gelukkig ben ik niet erg kleinzerig. Dat zei juf Jette toen ik was gevallen en bloed op mijn knie had. Ik huilde niet, maar ik wou wel een pleister, want juf Jette heeft pleisters met Donald Duck en Micky Mouse erop. Misschien heeft ze ook wel pleisters met Pluto, voor als mijn broertje een keer valt als hij groot is. Thomas huilt al als hij een piepklein schrammetje heeft, zonder bloed. Misschien is zijn vader ook wel kleinzerig. Zijn moeders lijken me juist heel stoer. Vooral zijn grote moeder. Die huilde vast niet van de pijn toen Thomas werd geboren.

'Thomas heeft een vader uit een potje,' zeg ik.
Mama lacht.
'Zo leuk is dat niet, hoor,' zeg ik. 'Want Thomas weet niet wie het is en hij moet nog heel lang wachten voor hij het mag vragen.'
'Je hebt gelijk,' zegt mama. 'Voor Thomas is het misschien niet zo leuk. Maar voor zijn moeders is het heel fijn dat er vaders uit potjes bestaan. Anders hadden ze Thomas niet kunnen krijgen.'
'Waarom niet?'
'Omdat ze seks met een man niet fijn vinden.'
Dat wist ik al. Daar heeft juf Jette over verteld in de klas. Er zijn ook mannen die seks met een vrouw niet fijn vinden. Dat is niet erg. Mannen kunnen best seks hebben met mannen en vrouwen met vrouwen.
Maar als je graag kinderen wilt, is het heel onhandig.
'Bestaan er ook moeders uit een potje?' vraag ik. 'Voor kinderen die twee vaders hebben?'
Mama denkt na.
'Niet echt,' zegt mama. 'Want bevruchte eitjes kunnen niet in een potje groeien, en ook niet in de buik van een vader. Ze hebben een moederbuik nodig. Maar soms doen vaders die graag samen een baby'tje willen hun zaadjes in een potje en dan geven ze dat potje aan twee moeders die ook graag samen een baby'tje willen. Dan kan er in een van die moederbuiken een baby'tje gaan groeien. En als dat baby'tje dan geboren is, gaan ze er om de beurt voor zorgen.'
Zo'n baby'tje heeft dan dus twee vaders en twee moeders. En acht opa's en oma's. Dat lijkt me best leuk. Dan krijg je heel veel cadeautjes als je jarig bent. Maar het lijkt me ook wel weer veel. Want sommige dingen die ik graag wil, mag ik niet van papa en ook niet van mama. Als je vier vaders en moeders hebt, mag je misschien veel meer dingen niet. Of zou het juist andersom zijn? Zou je juist meer mogen, omdat er altijd wel een vader of moeder bij is van wie het wel mag?

Buikpijn

Het is zomervakantie. Gisteren was de laatste schooldag en mijn broertje is nog steeds niet geboren. Dat vind ik jammer, want nu kan ik niet op beschuit met muisjes trakteren in de klas. Nu moet ik wachten tot na de vakantie.
Vannacht en vanmorgen had mama pijn in haar buik.
'Het gaat niet lang meer duren,' zei ze. 'Hij wil eruit, ik voel het.'
Papa belde naar zijn werk om te zeggen dat hij niet kwam. Mama heeft al een paar weken vrij.

Als je bijna een baby krijgt, hoef je niet te werken en als de baby net is geboren ook niet. Dat komt goed uit, want ik heb nu ook zes weken vrij.
Ik mocht opa en oma bellen. Die komen op mij passen als mijn broertje geboren wordt. Want misschien moet mama wel naar het ziekenhuis en dan gaat papa mee. Bij mij was dat ook zo. Mama wilde mij graag thuis geboren laten worden, maar ze had al twee dagen buikpijn en ik wilde er niet uit. Toen zei Loes dat mama naar het ziekenhuis moest, anders duurde het te lang en dat was niet goed voor mij. Toen mama eenmaal in het ziekenhuis was, werd ik meteen geboren. Ik mocht al heel snel weer naar huis, en mama ook.

Mama heeft de hele middag door de kamer lopen ijsberen. Soms bleef ze even staan om te zuchten en te steunen en dan ging ze weer door met ijsberen. Aan het eind van de middag wilde ze naar bed. Ik wou mee, maar dat mocht niet van oma. Alleen papa mocht mee.
'Mama heeft buikpijn en als de pijn op z'n ergst is, mag ze in papa's hand knijpen,' legde oma uit. 'Dat helpt een beetje.'
Ik vroeg me af hoe dat kon. Misschien ging door het knijpen een beetje van mama's buikpijn naar papa's hand. Mama kan best hard knijpen. Dat weet ik van als ze me een hand geeft om een drukke straat over te steken.

Toen mama net naar boven was, kwam Ageeth. Ze liep meteen de trap op.
'Wat ga je doen?' vroeg ik.
'Ik ga voelen of het gangetje waardoor je broertje straks naar buiten komt al groot genoeg is.
'Welk gangetje ook alweer?' wilde ik vragen.
Maar Ageeth was al boven. Ze ging de slaapkamer van papa en mama in en trok de deur achter zich dicht.

Kreukeloor

Nu is opa pannenkoeken aan het bakken. Voor mij, voor oma en voor hemzelf, want papa en mama hebben geen tijd om te eten. Die zijn samen aan het puffen en aan het knijpen tegen de pijn. Ageeth wilde ook geen pannenkoek. Die moest haar spullen klaarleggen, zei ze.

Ik weet nu hoe het komt dat mama buikpijn heeft. Oma heeft het me nog een keer uitgelegd. Het gangetje waar Ageeth het over had, is mama's schede. Die moet uitgerekt worden, anders past mijn broertje er niet door. Elke keer als mama pijn voelt, wordt haar schede een stukje wijder. Net zo lang tot het past. Dat noem je weeën. Als de schede wijd genoeg is, houden de weeën op. Dan kan mijn broertje geboren worden. En als hij straks aangekleed en wel in zijn bedje ligt, wordt mama's schede vanzelf weer gewoon.

Oma is nu ook boven. Ze ging vragen of ze iets kon doen en ze kwam niet meer terug.

Opa schraapt de beslagkom leeg boven de koekenpan.

'De laatste pannenkoek,' zegt hij. 'Die is voor jou.'

Hij schudt met de pan en laat hem door de lucht vliegen. Dat kan hij heel goed. Het lukt hem bijna altijd om de pannenkoek weer netjes op te vangen.

Opeens staat oma in de keuken.

'Je broertje is er,' zegt ze. 'Ga je mee naar boven?'

Flats! De pannenkoek landt op het aanrecht.

Opa bestrooit hem met poedersuiker en rolt hem voor me op.

Met de warme pannenkoek in mijn hand klim ik achter oma aan de trap op.

Mama ligt in het grote bed. Niet aan haar eigen kant, maar aan papa's kant. Haar haren zijn nat van het zweet. Op haar blote buik ligt een kleine, roze baby.
'Wat een mooi kereltje,' zegt oma. Het mooie kereltje zet een keel op en opeens is iedereen aan het huilen: papa, mama, oma en ik ook, zomaar vanzelf. Alleen Ageeth huilt niet. Die pakt een warme doek en legt die over de baby heen. Dan krijgt hij het niet koud en kan hij even uitrusten van het geboren worden. Op zijn hoofdje kleven natte, donkere haartjes.
Oma snuit haar neus en schuift een stoel naast het bed. Ze gaat zitten en trekt mij op schoot. Dat is een fijne plek. Oma is nogal dik, dus haar schoot is lekker zacht en haar borsten zijn net kussentjes. Uit die borsten heeft mama gedronken toen ze zelf nog een baby'tje was, bedenk ik me. Ik kijk naar mijn broertje op mama's buik. Ik kan me niet voorstellen dat mama ooit een baby is geweest, maar het is toch echt zo. Langzaam eet ik mijn pannenkoek op. Er valt een heleboel poedersuiker uit, maar er is niemand die het ziet.

Na een poosje mag papa de navelstreng doorknippen.
'Help je mee?' vraagt hij.
Ik klim van oma's schoot en veeg mijn vette handen af aan mijn broek. Als ik niet net een broertje had gekregen zou mama zeggen: 'Daar hebben we servetten voor.' Maar hierboven zijn geen servetten en ik kan mijn broertjes navelstreng toch niet doorknippen met vette pannenkoekvingers.
De navelstreng is lang en paars. Mijn lievelingskleur, maar dan iets donkerder. Ageeth zet er een soort knijper op. Dan geeft ze papa een grote, kromme schaar en wijst aan waar we moeten knippen: precies achter de knijper.
Ik ben niet zo goed in knippen. Op school in elk geval niet. Verven en tekenen kan ik veel beter. Stel je voor dat ik scheef knip. Dan heeft mijn broertje zijn leven lang een rare, scheve navel.
'Knip jij maar,' zeg ik.
Papa doet zijn vingers door de ogen van de schaar.
'Doet het geen pijn?' vraag ik.
'Nee,' zegt Ageeth. 'Mama voelt er niks van en je broertje ook niet.'
'Knip!' doet de schaar.
Vanaf nu moet mijn broertje alles zelf doen. Niet alleen ademhalen, maar ook eten en drinken. En dat gaat hem vast lukken, want hij maakt al kleine smakgeluidjes.

Een uur later is mama's bed verschoond en de slaapkamer opgeruimd. Ageeth is weg en Aisha is gekomen. Zij komt zeven dagen lang elke dag helpen met zorgen voor mijn broertje, want mama is heel moe van de pijn die het deed om hem naar buiten te laten komen.
Opa heeft beschuiten gesmeerd en ik mag de muisjes erop strooien. Blauwe muisjes, lekker veel. Met een blad vol beschuiten klimmen we naar boven. Mama zit rechtop in bed, met de baby tegen haar borst.
'Is hij niet lief?' zegt ze.
Ik kruip naast haar en kijk naar mijn broertje. Zijn haartjes zijn droog geworden. Hij heeft nu donker donshaar en twee verschillende oortjes: een flapoor en een kreukeloor.
'Dat komt door het geboren worden,' zegt Aisha. 'Die kreukels gaan er vanzelf uit. Morgen heeft hij twee flaporen.'
'Even een foto,' zegt opa.
Papa kruipt ook in bed en oma geeft ons een beschuit.
We nemen allemaal een hap.
'Klik!' doet opa.

Ik heb een broertje. Een lief, klein babybroertje met dezelfde oren als papa. En weet je hoe hij heet?
Niet Pluto, niet Willem, niet Thomas, maar…